Selected Duets

for VIOLIN

Compiled, Arranged, and Edited by

HARVEY S. WHISTLER and **HERMAN A. HUMMEL**

Published In Two Volumes:

VOLUME I (First Position — Medium)   ● VOLUME II (First Position — Advanced)

CONTENTS OF VOLUME II

RUBANK®

HAL•LEONARD® CORPORATION
7777 W. BLUEMOUND RD. P.O. BOX 13819 MILWAUKEE, WI 53213

Marche Melisande

Maestoso e marcato

DANCLA

Copyright MCMLIV by Rubank, Inc., Chicago, Ill.
International Copyright Secured

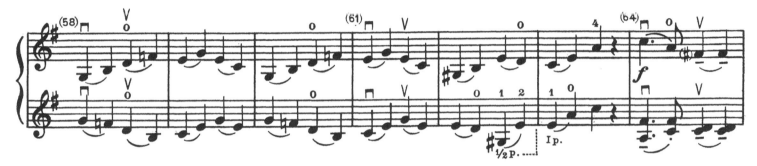

Promenade

EICHBERG

Andante con moto

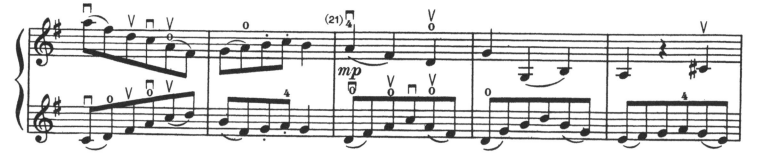

Rêveuse

DE BERIOT

Abendlied

TOURS

Legato e sostenuto

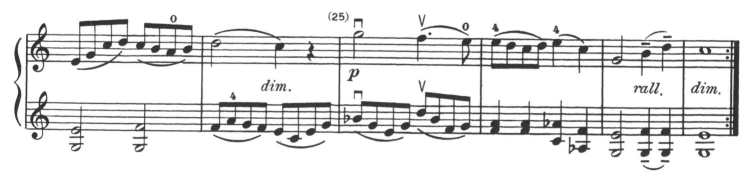

Guitare

DANCLA

Leggiero e con grazia

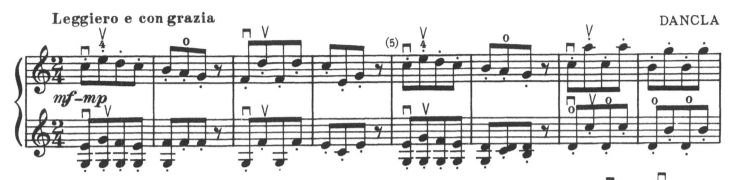

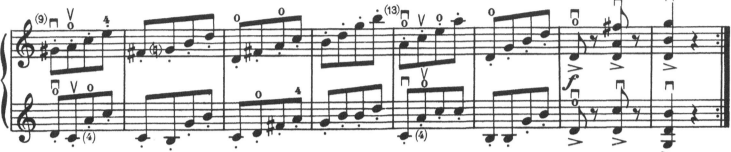

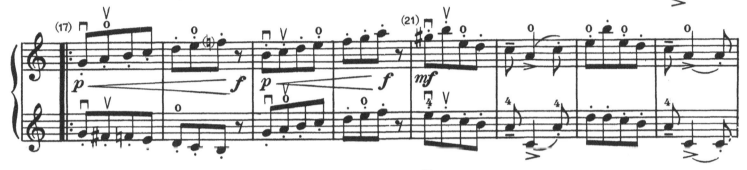

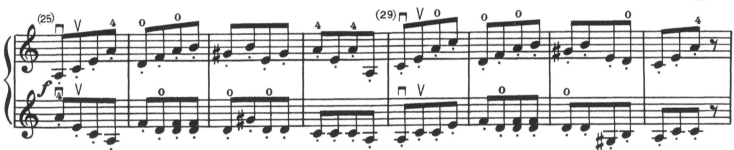

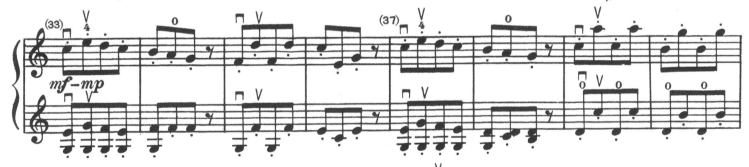

Beau Soir

Andantino e tranquillamente

DANCLA

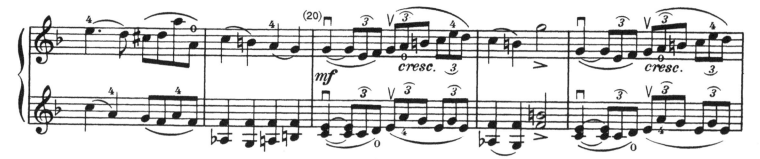

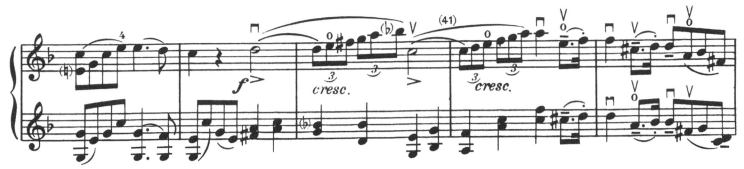

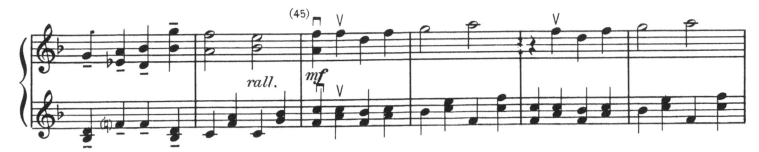

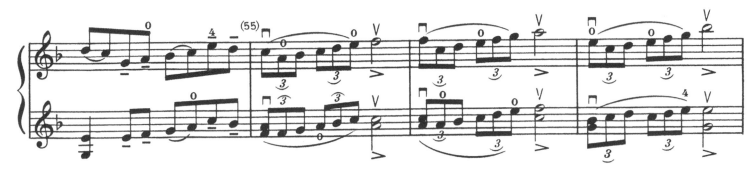

Introduction and Scherzo-Capriccioso

WEISS

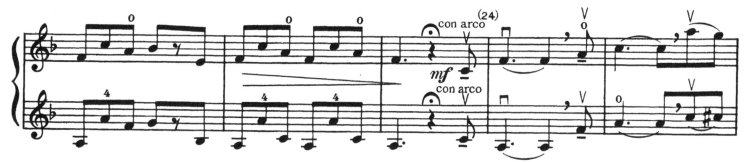

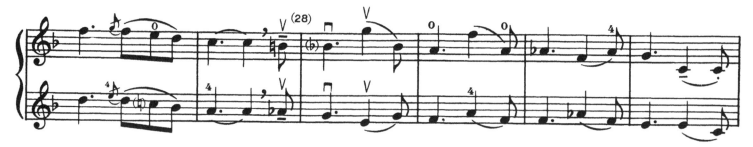

Eudoxa

MAZAS

Maestoso e con espressione

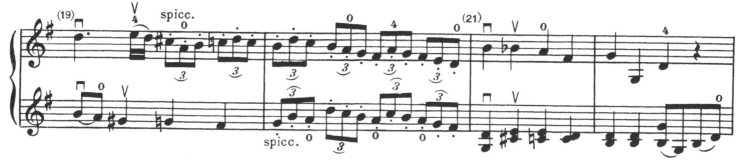

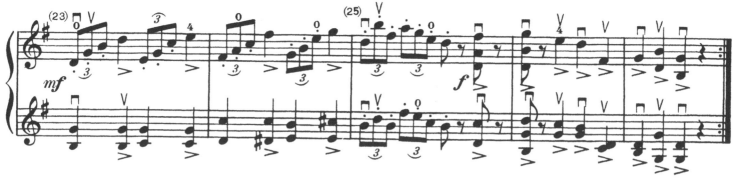

La Capricieuse

Brillante e con anima

MAZAS

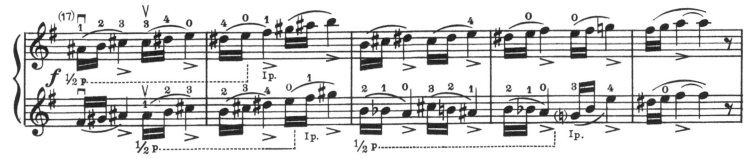

Grand Duo de Salon

KALLIWODA

Duo Processional

Maestoso e con brio

WOHLFAHRT

Polka de Concert

DANCLA

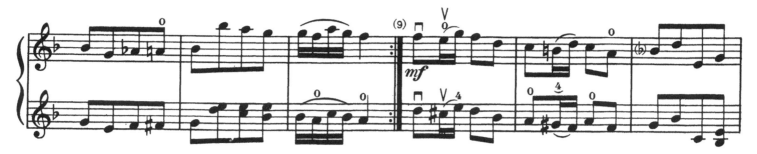

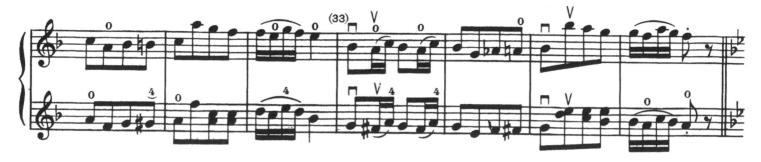

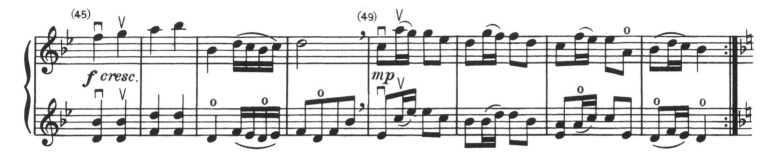

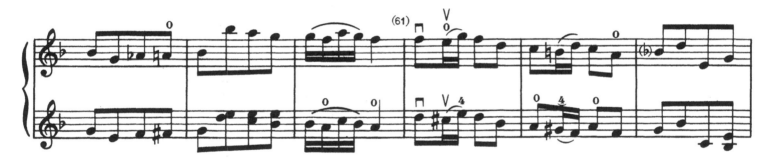

Etude de Concert

SPOHR

Marcato e brillante

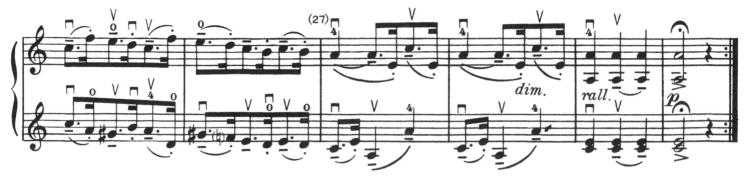

Duo Chromatic

Legato e con precisione

EICHBERG

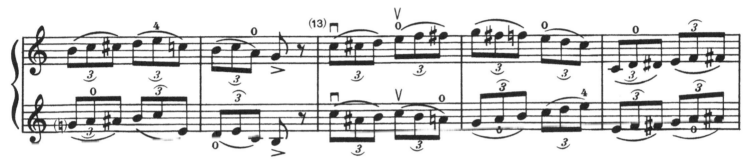

Wellenspiel

L. SCHUBERT

Andantino quasi allegretto

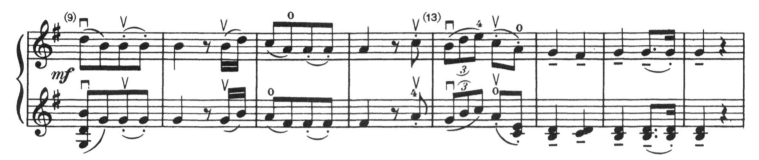

La Fileuse

ALARD

Grazioso e eleganza

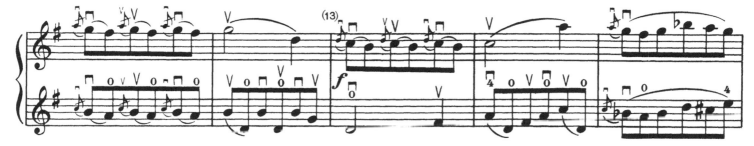

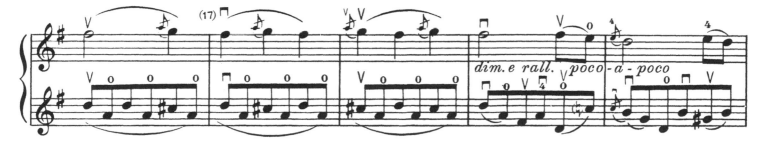

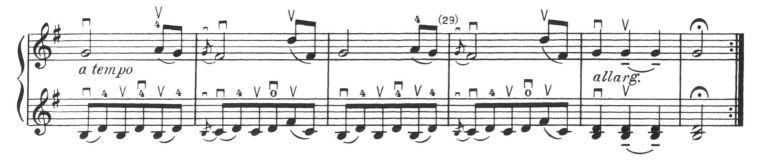

Rondo from the Duo in D

MAZAS

Vivace ma non troppo

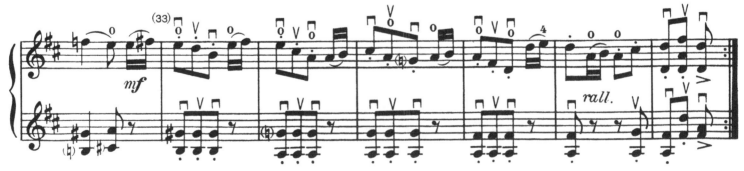

Bal Masqué

Allegro agitato

DANCLA

Dialogue No.1

Scherzando e brillante

EICHBERG

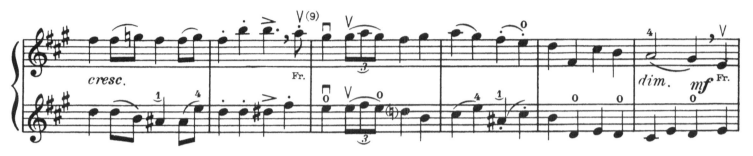

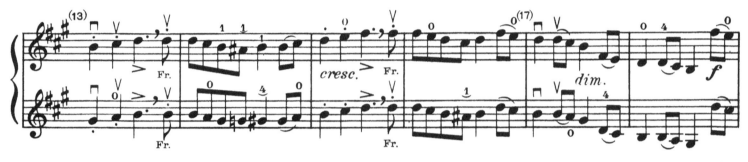

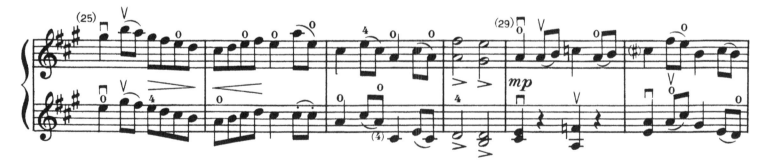

Dialogue No. 2

EICHBERG

Vivace e giocoso

Le Papillon

MAZAS

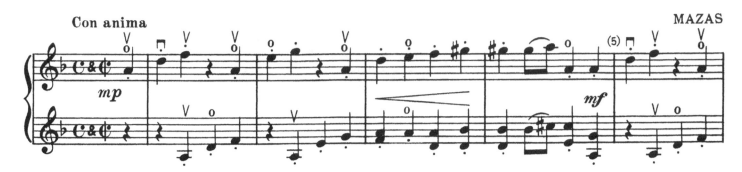

Duo de Concours

Marcato e risoluto

WOHLFAHRT

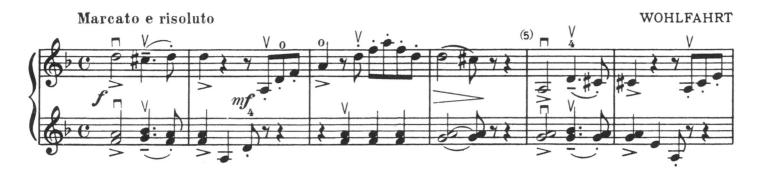

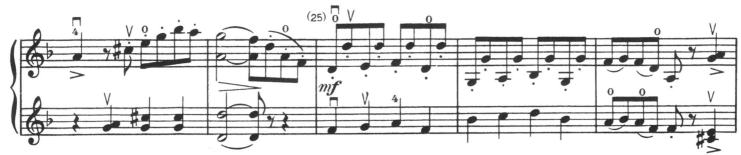

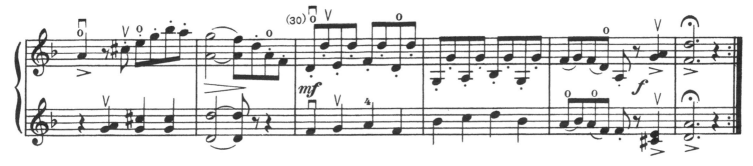

Caprice-Elegante

HENNING

Leggiero e delicato

Scène de Danse

KALLIWODA

Allegro scintillante

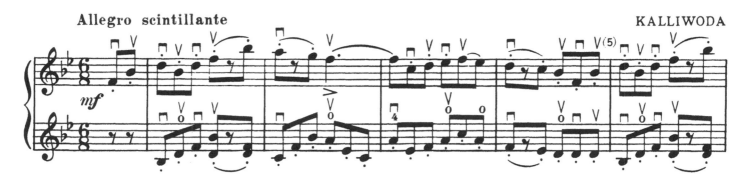

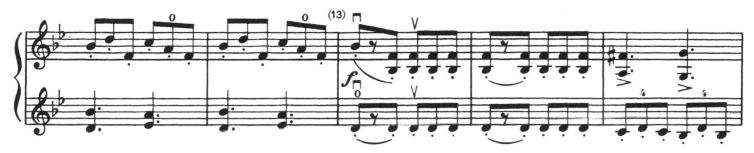

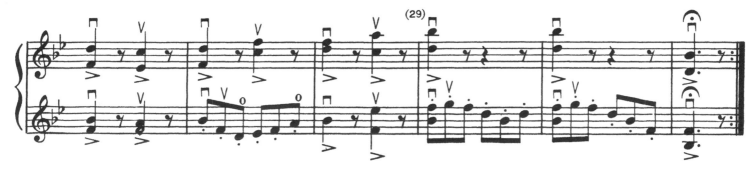

Finale from the Concertante in E♭

SPOHR

Allegretto ma non troppo

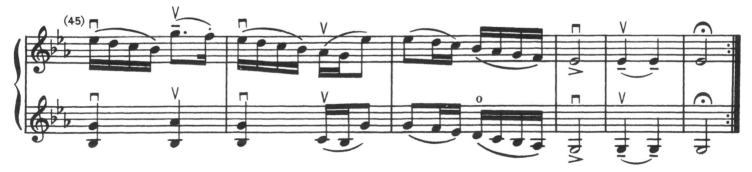

Theme and Variations

FROM THE FOURTH DUO

PLEYEL

Risoluto e con moto

Variation I

Variation II

Segue Var. III

Variation III

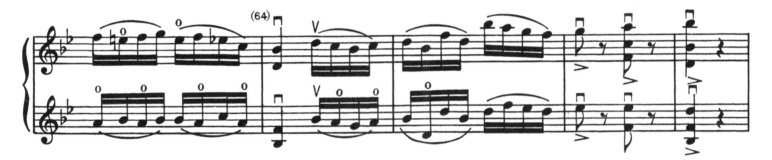

Allegro from the Symphonic Duo

Brillante e con spirito

KALLIWODA

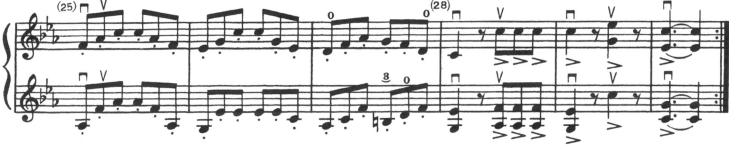

Dramatic Episode

HOHMANN-RIES